뉴욕 아리랑

뉴욕아리랑

2024년 3월 14일 초판 1쇄 인쇄
2024년 3월 28일 초판 1쇄 발행

지은이 | 하 운
펴낸이 | 孫貞順

펴낸곳 | 도서출판 작가
       (03756) 서울 서대문구 북아현로6길 50
       전화 | 02)365-8111~2 팩스 | 02)365-8110
       이메일 | cultura@cultura.co.kr
       홈페이지 | www.cultura.co.kr
       등록번호 | 제13-630호(2000. 2. 9.)

편집 | 손희 김치성 설재원
디자인 | 오경은 박근영
영업 | 박영민
관리 | 이용승

ISBN 979-11-90566-80-3 (03810)

잘못된 책은 구입하신 서점에서 바꾸어 드립니다.

값 12,000원

작가기획시선

뉴욕 아리랑

하 운 시집

작가

■ 시인의 말

　　내가 탄 열차는 종착역을 앞두고 가속으로 달리는데
　　내가 가야할 길은 아직도 멀기만 하다.

　　　　　　　　　　　　　　　　　　　　　2024년 2월
　　　　　　　　　　　　　　　　　　　　　　하 운

차 례

시인의 말

1부 징소리는 아직도

봄의 첨병 15
세상 보기 16
촛불의 얼굴 18
오아시스 20
촛불과 봄비 21
꽃시샘 31017 22
조국아, 조국아 23
봄 길에서 24
산을 봐, 산을 25
우리의 현주소 26
사쿠라의 기억 28
나무도 아닌 것이 30
돌아오기 31
역사 세우기 32
징소리는 아직도 33
절망 34
때 36

2부 뉴욕 아리랑

브로드웨이에서 39
너를 위한 노래 40
나는 독도다 42
세월의 만남 44
바람소리 꽃 46
선생님 48
4월의 영전에 바치는 글 49
고 김수환 추기경님 영전에 올리는 글 50
신문과 결혼한 여자 52
니콜네 할부지 54
웨스트 아이스립의 사나이 56
갈대 마당 58
만추의 초대 59
어느 사진작가 60
뉴욕 아리랑 62
길 64
노든 블레바드 풍경 65
오크랜드 호수 66

3부 계절은 오간다

봄볕 71
봄날 72
어느 여름날 73
가랑잎 74
낙엽의 길 75
가을의 연인들 76
샌디는 가고 78
겨울숲 80
눈 내리는 밤에는 81

4부 산다는 것은

꿈을 위하여 85
침실에서 86
당신은 87
고독 88
여정 89
마른 갈대 90
비 오는 장터 92
삶(1) 93
삶(2) 94
모를 일 95
가랑비 96
모순 98
아, 2020년 99
술 한잔 100
하얀 꿈 101
황혼에 서서 102

5부 여행길에서

꿈이여 105
시를 위한 변명 106
장강은 서럽다 108
무릉도원을 찾아서 109
나는 신선이었다? 110
예술을 위하여 111
이별 112
바다야 113
인어공주 판타지 114
누구에게나 희망은 있다 116
이과수 폭포 118
땅끝마을에서 119

해설
시를 통해 세상을 만나는 창의적 방식_김종회 122

1부
징소리는 아직도

봄의 첨병

매화는 눈물겹게 봄소식 전하건만
벌 나비 날지 않고 새소리 멈추었다
매화야 울지 말거라 아픈 가슴 천지다.

지천을 가득 메운 저 아우성 못 듣는가
막혀버린 동맥 열어 의식은 다시 산다
매화야 미소 짓거라 너의 눈물 값지다.

싸구려 눈물 없고 희생 없는 자유 없다
개나리 여유롭다 참꽃은 그냥 피나
매화야 가슴 펴거라 너의 향기 넘친다.

세상 보기

가끔은 안경을 벗고 세상을 본다
굴절된 빛이 그리는 낙서투성이 세상
연습이라면 좋았을 세상을
적당히 보아 넘긴다, 미치면 안 되니까.
지난 크리스마스 이브
세상이 얼마나 측은했는지
눈보라는 어설픈 감정 얼룩진 세상을
몸 부수어 쓸어안고
가을부터 건들거리며 서 있는
허수아비를
허수아비라 확인해 주고 있다.
왜 안경이 필요한가
농장에서는 수확이 별로 없었다
바람 부는 날, 바람결에 몰려오는
알갱이와 쭉정이를
가려내기 힘겨워 비틀거린다.
북서풍이 휘몰아치고 있다
새해 첫날부터 비가

그것도 겨울비가 멎을 줄 모르고 있다.
비가 멎으면 안경을 끼고
낙서와 얼룩이 씻겨 나간 자리에서
연습 끝이란 팻말을 확인하고
새롭게 돌아가는 세상을 보고싶다.

촛불의 얼굴

산타를 기다린 시절
신문에 난 모든 것들을
믿었던 세월도 있었다
티브이에서 보는 영상이
살아 있는 현실이었던
그런 시간들은
어둠 속에서 질식한다.

성황당에 관솔불 피우고
원으로 끌려 간 손녀딸의
환향을 엎디어 빌고 빌어
할머니의 소망은 이루었지…

뒷뜰에 초롱불 밝히고
정한수 한 사발 제물로 올려
징용 간 낭군의 귀가를 비는
아낙의 가슴이 촛불이었다.

미사를 밝히는 촛불
어둠을 이기고 안녕과 평화를
비는 모든 이들의 기도가 된다.

그러나
그런 촛불, 저 촛불은…
이런 촛불이…

오아시스

세풍에 시달려온 가슴은 황량한데
물구름 유혹하는 사막은 살아 있네
바람 탄 꽃씨앗 하나 내릴 곳이 어딘가.

사람이 사는 세상 사람은 어디 있나
비바람 지나가면 사막엔 꽃피는데
세상은 아름다운가 풀잎 하나 못 피네.

사막에 봄이 오면 더욱더 아름다워
벌나비 분주하고 새들이 날아드네
세상의 오아시스는 어디에도 없는가.

촛불과 봄비

내 한 몸 불살라 세상을 밝히련만
미친 소몰이꾼의 불쏘시개 되었나
봄비는 멈출 줄 몰라 저 불길 꺼진다.

봄난에 장대비가 광장을 메질친다
진실은 간데없고 아우성만 남아있어
발아래 뒹굴고 있는 지옥도를 지운다.

얼룩진 내 얼굴을 안개비가 씻는데
가슴의 깊은 상처 긴긴 세월 가는가
온누리 채워주는 빛 나도 몰래 와있네.

꽃시샘 31017

간밤의 서북풍은 하늘을 찔렀는가

오늘은 눈보라가 쓰레기를 덮지만

조만간 밀어닥치는 봄기운을 어쩌랴.

조국아, 조국아

아이티로 일어서고 아이티로 망할까
빈 깡통 컴퓨터로 놀게 한 세상에서
처절한 진실의 소리 귀 막고도 들리네.

앞뜰이 소나무를 가꾼지 몇 해인가
송충이 탐욕으로 가지만 앙상한데
어쩌랴 청송의 꿈은 버릴 수가 없다네.

난초가 금년에는 꽃대 하나 안올리고
철없는 먼지바람 잎새 칼로 잘라낸다
난초꽃 바람 헤치며 피는 날이 와있네.

봄 길에서

엊그제 내린 비는

겨울때 벗기는데

바람의 아우성이

세상을 덮는구나

숨결을 터주는 봄볕

막아설 이 누구인가

*조국의 3·1절 태극기집회 영상을 보면서…

산을 봐, 산을

산은 붉게만 물들고
청송은 병들어 있다
다시 끓기 시작한 냄비

도심을 짓밟던 미친소
흔적도 없는데
소몰이는 모닥불 지펴
미친 소의 혼을 부르는
굿판을 벌이고 있다.

냄비는 화통처럼 타고
불똥은 사방으로 튀어
머리 위 뇌성 번개를
들을 수도 볼 수도 없다.

단풍은 낙엽의 길임을
누가 모르는가
청송은 다시 살아가고.

우리의 현주소

지구촌은 가마솥
평화라는 이름으로 전쟁을
끓이고 있다
모래바람 사이로 불벼락
바그다드의 운명을 재촉하고
주막에 앉은 나는
벼락은 아니라고 생각해 본다.
같은 시각
뉴욕을 적시는 비
그라운드 제로에 고인다
그것은 벼락이었다.
평양의 아궁이에는
종말의 풀무질이 계속되어도
서울의 촛불 행렬
미움과 저주를 끓이고 있다
잔이 목에 걸린다.
바그다드에서 바람 빠지던 날
폭설에 잠긴 뉴욕에서

초가지붕 위 등불 하나 바라본다
바람 불면 안 되지
비가 와도 아니 되지.

사쿠라의 기억

앞마당 한 모퉁이에서
노쇠의 길을 가면서도
봄이면 봄날을 누렸는데
4월 4일
사고로 퉁겨진 혼다가
정원을 뭉개면서
그의 운명을 가른다
그것도
어스러지고 뿌리가 뽑힌 채.

두 개의 버섯구름이
하늘을 가린 그날 이후
70여 년을 그는 이름 모를 섬이나
대륙의 어느 산야에서
피어보지도 또 질 수도 없는
수많은 꽃을 모른다고.

그들은 우리 모두의

누이였고 딸이었다.
계절을 속이거나
훔친 적도 없는 저들을
치욕의 세월 속으로, 이제는
모든 이들의 아픔이 되었다
그의 기억에는 그런 일이
처음부터 없었다는
사쿠라는 벚꽃이 아니다.

나무도 아닌 것이

오래된 장미 넝쿨
해마다 새로운 꽃을 피운다
떡잎 큰 이름 모를 풀 한 포기
넝쿨 사이에서 숨은 듯
자라고 있었다.
무슨 귀한 것이 아닐까
상상할 만큼 품위도 있어
꽃을 지키는 날카로운
가시도 어쩌지 못하고
잡초가 어느덧 넝쿨을
내려다보며
두 팔 올려 구름 잡을 때
장미는 시들어 가고
잡초는 나무가 되고 있었다
잘라야지, 뽑아야지
뿌리째로…

돌아오기

우리는 돌아와야 한다
그래도 봄이 오는 거리로
천둥이 울먹이고
홍수에 잠긴 장터에서
붉은 모래바람 삼키는
사막을 지나 돌아와야 한다.

소금기둥 되어 버린
한 여인의 회환이면 된다
사막에도 봄날을 오는 것.

우리는 돌아와야 한다
흙먼지 이는 가슴에서
마지막 한 사람이 될지라도

봄이 오는 거리로.

역사 세우기

서산에 걸린 해가
손가락질로 보낸 세월을 비춘다
그것은 아마도 운명적이었다
벚꽃 그늘 아래 버티던
사쿠라의 껍질을 벗기면
역사가 바로 선다는데
등골 깊이 가시 박힌 그날
그 아픔을 기억하면
거꾸로 서는 역사가 되는가.

이른 봄날 붉게 타는 꽃이
어디 참꽃뿐이랴
한 많은 한민족 하나로 가면
피해 갈 역사는 없다
그날 이후
무궁화 한 송이 피었던가
하얀 비둘기의 자유로운 비상을
막아서는 안개가 걷힐 때
너는 역사 앞에 서있다.

징 소리는 아직도

아픈 기억 가라앉은 가슴
저 붉게 흔들리던 6월에
종말을 고했는가
어쩔 수 없이 우리는 다시
절망의 벽 사이로 돌아오고 말았나
오늘도 비틀거리며
희망이 있기나 한 것인지도
모른다.
항시 우리를 부르고 있는
은근한 그 소리가 적삼 밑을
비집고 들어도
벽에 매달린 고통으로
그 울림 의식할 여유가 없다.

내 탓 네 탓 타령도 풀이 죽고
다시 체념의 늪은 깊어 가는가
벽은 미동도 하지 않고
우리의 기도는 다시 시작된다
초가삼간 지켜주는 초롱불
아직은 깜빡이고 있다.

절망
– 강철환의 〈수용소의 노래〉를 읽고

살아서 나가려면
마지막 한 줌의 땀을 짜야 하고
생사의 문턱에서
한 방울 남은 피를 주어야 한다.

까마귀조차 입맛 잃은 죽음이
한 치 앞에 끈적이는 계곡
부엉이도 차라리 눈감아 밤을 지난다.

전류가 파르르 살아있는 철망
어둠 짙은 원시림을 휘감아
본능을 조롱하고 있다.

지렁이 되어 발아래 미동 않아도
개는 될 수가 없다
사람이 되어서도 아니 된다.

마른 수수깡처럼 바람에 흔들릴 뿐

눈은 허공에 박혀있고
햇빛은 결코 오지 않았다.

때

저것이 산인가 산이란 말이지
바람에 날리는 모래 산 아닌가
풀잎이 푸른가 나무가 자라나
한번은 넘어야 지금이 그 시각

이것이 강인가 강이란 말이지
흐름을 마다한 물결이 강인가
물새가 숨죽여 수초도 풀 죽어
어차피 건너야 지금이 그 순간

저기가 들인가 들이란 말이지
황토가 날리는 불모지 아닌가
보리가 나는가 메밀꽃 피는가
일거에 밭갈이 지금이 그때야.

2부
뉴욕 아리랑

브로드웨이에서

생기 있고 거침없는 나의 발길은
화려한 길을 서성이고 있다
위로는 수많은 간판이 아우성치며
밝고 환상적인 붉은 빛을
들뜬 군중 위로 그리고
마차들의 행렬 아래로 쏟아내린다
오 브로드웨이는 대단해, 다만
내 마음, 나의 가슴은 외로워

꾸밈없는 욕망, 예수의 수난과
연관하여 생각해 본다
당당한 풍모로 점잔 빼며 걷고 있다
극장에서 카바레 그리고 여인숙으로
브로드웨이 무지개 불빛이
거침없는 방탕, 기쁨 함께 태우고 있다
브로드웨이에서 꿈꾸듯이 서성이며
눈부신 거리를 응시한다, 다만
내 마음, 나의 가슴은 외로워.

*원작:「On Broadway」 by Claude Mckay   *번역: 하 운

너를 위한 노래

찬바람이 휘감는 이 밤을 견디는
너의 손을 잡고 싶다
꽃샘바람이 빗방울 날리던 날
집을 나선 너
이제는 하늘을 보거라
그리고 흙을 만져봐
머리카락은 바람결에 맡기고
창공을 향해 목 터지게
소리 한번 내질러라
누구도 처음 듣는 그런 소리를.

창틈으로 오는 빛은 해가 아니지
벽 사이로 스며드는 흙내음이
땅일 수 없듯이
머리 위 천장이 창공은 더욱 아니다.

한여름 태양 아래
너의 갈증이 생과 사의 그림자를

번갈아 불러올 때
기쁨과 후회가 엇갈리는
마음을 졸였다
단풍마저 떠난 후
눈 속에서의 외로움을 이겨낸 너
너의 가슴을 안고 싶다
겨울 녹이는 계절이
더 높은 하늘 끝없는 평원이
네게 미소를 보내고 있다.

나는 독도다

누가 나를 고독하다 했나
넘실넘실 너울너울 물결에
나의 가슴 뜨겁게 달구고
바다가 방금 출산한 태양을
한반도로 보내는 나는
동해의 길잡이

누가 나를 외딴섬이라 했나
바다 위 아흔한 명이 이룬 일가족
물아래는 해저산맥,
내 형제 울릉도에 닿아있고
앞뜰의 반석은 우리들의 사랑방
훈훈한 바람이 일고 있다

누가 나를 그냥 돌섬이라 했나
적어도 일억의 눈동자,
사랑의 눈빛을 온몸으로 감당하고
한인의 뜨거운 피가 흐른다

나는 세계인의
한국 땅으로 살아간다.

세월의 만남
– 등촌 이계선 목사님의 『예수쟁이 김삿갓』 출판기념회에서

간다, 오네, 간다
오동나무 고갯길을
난고 김삿갓이 오르고 있다
죽장은 황혼에 허느적거리고
바람 타는 도포 자락
기러기의 날갯짓인가
허공을 맴돌던 오동잎
괴나리봇짐위에 쉬어 가는데
저기 저 마을, 등촌이 아닌가.

온다, 가네, 온다
거친 바람 신작로를
짐 진 등촌이 걷고 걷는다
펜 잡은 손에는 구슬땀 흐르고
바지 자락의 흙먼지는
세상살이 땟자국인가
하늘을 가르는 비둘기
머리 위 맴돌다 내려앉는데

파도에 실려 오는 거문고 소리
여기 이 돌섬, 난고가 아닌가

*축시

바람소리 꽃
– 임혜숙 수필집 『때에 따라 다른 바람 소리』 출판 기념회에서

동서로 오가는 노든 블레바드
늘 새바람이 불고 있다
지난밤 꿈에 본 희망을 안고
도심의 일터로 향하면서
"촌년"을 버리지 못하고
그녀를 향한 "그리움에 기대어"
하루를 시작한다.

"잘 사는 연습"으로
"헛똑똑이"짓 피하려 하지만
"밸런스를 타다" 힘겨운
"대차대조표"를 등에 진다.
"세상 보는 안경"이 필요한가
"내 마음의 토네이도" 한 방이면
저 바람처럼 새로 태어날 것인데
"가을이 머무는 뜨락"에서
"이륙하기 좋은 때"를
"기다림, 기다림"으로
"여전히 꿈꾸며"

"바퀴벌레의 하루"가 간다.

저녁노을 뒤로하며
한도 없이 끝도 없이 걸어가면

"깊은 머무름"인 조국인데
집으로 향한 길은 고향으로 가는 길
"노든 블레바드의 하루"는
가로등도 지쳐가는 시간
일용직 노동자들은 아직도 서성인다.

"행복한 밥상"은 가까이 있다고
눈길을 보내며
모든 이와 "더불어 사는 삶"을
그리고 있는 〈임혜숙〉님은
한 그루 지성의 가로수
바람 소리 따라 시시각각
감성의 꽃을 피운다.

*축시

선생님
– 김송희 시집 『이별은 고요할 수록 좋다』 출판 기념회에서

당신은 1963년 한국 문단의 샛별
어두운 눈으로도 볼 수가 있었지
2014년 오늘은 북미주의 태백성
초저녁 어둠을 홀로 밝히고
내일은 다시 샛별 되어
"시야 미안하다"고 절규해 온 세월
그 겸허한 가슴만은 지켜내소서.

자유인의 길에서
평화를 누리시는 김송희 시인님
앞으로 올 반백 년 비운 가슴으로
쓴 시 한 수를 우리 모두가 기다림
잊지 마소서
당신은 시이고 시는 바로 당신입니다.

*축시

4월의 영전에 바치는 글
– 버지니아 참사 희생자들을 추모하며

이제는 알겠네 왜 철 지난 찬바람이 불었는지
지금은 알겠네 웬 때 이른 장대비가 내렸는지
"4월은 잔인한 계절"이라 그 누가 말했나
버지니아 공대의 절규와 참상 앞에 우리는
슬픔을 나누기보다는 부끄러움 을, 이보다는
살아갈 길을 찾았던 속내를 내보이고 말았네.

돌비석 하나 더 세워준 그런 가슴이
진정한 부끄러움이 무엇인가를 말해주고 있어
머리를 떨구지 않을 수 없다오
어제 돌비석 하나 바람으로 떠난 자리에
"너와 같은 사람 만나면 손잡을 용기를 갖고 싶다"는
종이쪽지, 그 칼끝에
우리 등줄기의 허울을 내맡기고
떠나는 32개의 풍선을 고개 들어 볼 수가 있소.

모두 다 잘 가시오, 이 빗나간 4월과 함께
잊지 말기요, 우리 모두 한 세상 같은 사람들
잊지 않을 거요, 사랑이 바로 길이란 것을.

*2007년 4월 버지니아 공대생인 한인 학생이 난사한 총에 동료학생 32명이 희생되었고 본인도 현장에서 자살한 참사.

고 김수환 추기경님 영전에 올리는 글

추기경님,
서울에 계신다는 사실 하나만으로도
희망이 있었습니다.

아직은 새벽이 저 멀리 서성이고
초가지붕 위로 먹구름 돌고 있는데
초롱불 거두어 머나먼 길 떠나시면
저희는 어디로 가야 합니까?

머리에서 입으로 맴도는 사랑이
좀처럼 가슴으로 아니 내려오는데
다독이는 손, 다정한 눈길 멈추시니
저희의 가슴은 사막이 되었지만

추기경님,
하늘에 계신다는 믿음 하나만으로도
희망이 있습니다.

저희와 모든 이들을 위하는 길을
가야 할 사랑과 의로운 길을
남기신 발자취 따라갈 것입니다
별이 더욱 빛나는 밤, 고이 잠드소서.

신문과 결혼한 여자
– 여주영

아직은 소녀의 얼굴이었다
한 손에는 볼포인트 펜을
다른 손은 카메라를
이민자들의 뜻이 있는 곳
슬픔과 분노가 들끓는 현장
그 어디나
사슴처럼 뛰어 기사 마감 시간을
따라잡다 보니
세월은 소녀를 내버려두지 않았지.

언제인가부터 새댁이 되어
신문을 신랑처럼 꾸미어
세상과 소통하면서도
그 균형을 잃지 않았다.

편집국장이 되었을 때
뉴욕 동포사회의 술렁거림을
기억하는 수많은 독자들이 있다.

이제는 세파를 이겨낸 모습으로
동포사회 여론의 한 축을 이끄는
기수가 되었다.
그녀의 결혼은 깊어만 간다.

니콜네 할부지
– South Florida의 김중권 선생 팔순을 축하하며

플로리다의 태양은 식을 줄 몰라
계절이 바뀌어도 여름을 지킨다
철들기부터 달려온 인생 여정
그는 열정의 사나이
남부의 열기와 짝이 된다.

하얀 공은 오늘도 허공을 가르고
흰 머리카락 검은 머리 파고드는데
막을 길이 있는가
"살다 보면 알게 돼" 노랫말은
그의 모습과 잘도 어울린다.

뉴욕에서 키운 정과 흥을 문패 삼아
예술의 세계와 호흡을 맞추고 있다
꽃이 피었다고, 비 오는 날이니까
낙엽이 진다고, 눈 내리는 밤이라
거닐든 주막은 비어있다.

이제 비탈에 선 한 그루의 나목이 되어
저 푸른 꿈이 녹아있는 하늘과 바다를
응시하고 있다
그가 맞짱 뜬 세월의 비바람을
가슴으로 안아주면서 아직도 갈 길이…

웨스트 아이스립의 사나이
– 오정길 선생

동래로 통하는 도로, 그에게는 좁디좁은 오솔길이었어,
부산 앞바다에서 수영하던 그는 끝내 태평양 건너
대륙을 가로질러, 대서양은 그의 앞마당이 되었다.
그가 요트를 몰고 해양을 가를 때 마도로스가 울고가지만
말이나 낙타는 몰 수가 없어 실크로드와 사하라 사막을
걸어서 갔었지, 그는 해양족임에 틀림없다.

웨스트 아이스립 그의 집은 항상 사람과 짐승들로 북적이고,
친지, 친구, 그냥 아는 사람들, 사슴과 들짐승, 바다거북이는
해마다 알을 낳고 가는데 그는 그것을 지켜주어야 한다나,
음악과 술이 흐르는 집, 그는 주선이 되는 것만은 포기했었지.
여행길을 나서면 그는 아주 유능한 우리들의 길라잡이
옥룡설산을 한숨에 올랐다, 그는 대륙족이 아닌가.

롱 아일랜드 한국학교 발전에 성의를 다하고 십수 년을
지원해오던 6·25 참전용사들을 한국으로 초청, 안내해서
보은의 정을 나누었지.
그는 잘나가는 산부인과 전문의, 반백년 세월 인술을 펼치고

수많은 분만을 도왔다. 신의 창조사업에 동참한다는 그의 자긍심 또한 어느 누구에게도 질 수가 없다.

갈대 마당

웨스트 아이스립은 내 친구
오가가 사는 동네
갈대숲 오솔길이 있는 골프장을
그들은 똥 밭이라 부른다
오리떼가 버린 것들.
인분 뿌려 가꾼 무우, 배추
호박을 기억하면서
우리는 밭두렁을 걷곤했지.

해묵은 마른 갈대가
허연 머리털을 바람결에 날리며
밑거름의 길을 가노라고
서걱거리는
어깨를 으쓱해 보인다.

우리는 갈대 마당이라 불러 주었다
갈대는 쓰러짐과 일어섬을
반복하면서 결코 죽지 않는다
검푸른 갈대가
떼 지어 몰려오고 있다.

만추의 초대

환이는 좋겠네 가꿀 숲 있어 좋겠지
숲을 살리려는 인고의 세월은
도 닦는 일이라 별거 아니지
낙엽비 내리는 오솔길에서
허야는 숲을 치마폭에 담아 안고
행복이란 바로 이런 것 아닌가.

길이도 좋겠네 바지춤이 넓어 좋겠지
영지버섯 술 한 잔이면
세상을 가슴에 품는 일 별거 아니야
영웅호걸이 따로 있다든가
소녀가 된 지아의 볼 붉어지면
우린 모두 소년 소녀로 돌아간다.

만추를 매단 숲의 허리는 휘어지고
식탁 위로 핀 웃음꽃에 상다리 부러져
만추가 울고 가면 누가 달래주려나.

어느 사진작가
- Daniel Lee 화랑에서

찰나보다 더 짧은 순간을 위해
카메라의 외눈에는 긴장이 돈다
진실은 하나, 두 눈이 필요한가
바람을 담는다
명암이 얼룩지는 세상보다는
빛의 고향을 찾아 헤맨다.

거리마다 가득한 가짜들의 깃발
산골로 쫓겨난 진실의 조각이
숨죽여 엎드린 계곡을 누빈다
황량한 벌판 지키는 돌덩이 하나면
억만 년의 전설을 찍어내고
풀잎의 이슬방울 하나 벽에 걸어
폭포수의 자유를 보여준다.

영겁을 두고 서있는 바위
꿈을 잉태한 여인이 된다
산다는 것,

소슬바람에 가랑잎처럼 휘둘려도
진실의 마지막 증인이 되고 싶다.

뉴욕 아리랑

누가 가라 오라 했나
나 여기 삶을 열었다
마천루 숲의 사과는
사시사철 익어가고
우리네 인생도 간다.

목이 메이는 애국가
나와 너의 노래
세월이 갈수록 짧아져
끝내는 부를 수가 없다
이별가였구나.

쌍둥이 빌딩
녹아내릴 때 분한 마음
연평도 피폭으로
피멍 들고
샌디가 쓸어낸 가슴도
남의 가슴이 아니지.

누가 오라 가라 했나
너와 나 마천루 넘어서 간다.

길

검게 빛나는
포장길을 내려다보는
배꽃의 단아한 얼굴이
하얀 미소를 열면
후라싱은 봄을 맞는다.

희로애락이 질주하는 거리
겨우내 버틴 블레바드는
작은 배꽃에 안겨
위로를 받는다
나는 문득 길이고 싶다.

노든 블레바드 풍경

우리말 고집하는 노든 블레바드
여명과 노을이 엇갈리는 거리
붉게 물든 작은 배꽃 나무 사이로
보름달 걸리면 블레바드는
추색 짙은 달로 가는 길
세월에는 브레이크가 없어
놓친 계절 아쉽거든
149가로 가서 단풍 한 광주리
받으시라.

바운과 유니온 사이에서
늦은 봄까지 죽은 듯 서있든
아름드리 나무들 만추를 메달고
계절에 브레이크를 걸고 있다
223가를 지나 갈대숲 넘어서면
가을바다가 미소로 반기는데
가끔은 등짐 내려놓고
해변을 걷자면
푸른 하늘은 우리들의 것.

오크랜드 호수

겨울의 문턱에서
철 아닌 훈훈한 바람이
이른 봄에 잃었던 시간을
돌려주고
노인은 벤치에 앉아서
아침 햇살 사이로 난
낙엽의 길을 바라본다.
단풍은 거침없는 비상으로
노인의 옆자리에 내려
'그것은 체념의 추락은 아니었다'고
소곤거린다, 아주 천연스럽게.

하이웨이를 질주하는 소음을
삼키는 호수
베이사이드만을 지나는
롱-아이랜드 열차의 기적을
녹이고 있다.
온갖 것 삼키고 삭인 가슴

노인은 '할 만큼 한 거야'라고
잔잔한 미소를 흘린다.
호수는 노인의 가슴을 안고
바다로 가고
노인은 계절을 품고 있다
분명 봄바람이 일고 말고.

3부
계절은 오간다

봄볕

갓 달려 나온 마알간
연둣빛 햇살
호기심을 숨기지 않는다
보랏빛 공주
크로커스에게 윙크를 보내고
그 꽃잎술에 입맞춤
참지 못한다.

수줍은 듯 가슴 설레며
다섯 꽃잎
속마음을 여는 크로커스
하얀 안개 같은 꽃향기에
마음 잡혀
몸살 앓고 있는 봄볕.

봄날

매화의 천상 미소 잔설을 녹여내고
연초록 잔디밭에 볕살이 쏟아진다
지난날 엄동설한은 어디로 사라졌나.

어느 여름날

뜨거운 햇살에 인질이 되어버렸다
습기에 막힌 숨길 좀처럼 열리지 않아
그리움 키워서
아름다운 추억으로 가는 길에
다리를 놓고 내일의 새회를 꼭 말피 한 때
그리움엔 날개가 돋는다

끝없는 창공, 푸른 바다를 날아간다
한낮의 열기는 식어가고 숨길이 열린다.

가랑잎

화장을 지우고
소슬바람과 한 몸 되어
공원을 서성인다
나른한 몸짓으로
가랑비를 부르고 있다.

이루고도 못 이룬
어제의 꿈은 꿈이었나
간밤의 욕망은 아직도
밑창 없는 그것
이제는 접어야 하는가.

가랑잎은 가랑비도
소슬바람마저 뒤로하고
겨울로 가는 길을 걷고 있다
여정의 끝 마당
그 자리에는 봄이 있으랴.

낙엽의 길

나뭇가지에 얼음꽃 핀
그날부터 잉태한 꿈
잎망울로 숲 이루고
장마 건너, 가뭄 이겨
가을 수채화가 되었다.

비우고 떠난다는 것
결코 사치는 아니지
바람자는 곳 머물다
털털 껄껄되며
바람함께 가고 말고

얼음꽃 필 때
꿈도 잉태한다는 것
그것만은 잊지 마.

가을의 연인들

대서양의
모래알들이 태양을 삼키던
지난 여름날
파도는 발을 씻어주며
가슴을 보여달라고 했다
행복이 찢어진 아프고 슬픈 것
모두 꺼내 보였고
썰물이 그들을 바다 저쪽으로
쓸어간 그날부터
가슴에는 빈자리가 커지고 있었다.

다시는 시작을 말자던 시작이
똬리를 트는 소리가 귀전을 울린다
가끔 해변을 걷곤 했지만
바로 여기로 오늘이 올 줄이야
우연이라 한다면
이 만남이 얼마나 애석해질까
쓰다 남은 세월의 자락을 잡고

다시 그리고 싶은 그림
또 다른 인생의 그림이 아니라
새로 시작하는 마지막 그림을
그리고 싶다.

석양의 가을빛을 보고 있지만
태양은 이 바다로 지는 일 없어
두 번 다시
차가운 긴 밤은 오지 않을 거야
가을이 오늘을 기다렸나 보다

만추의 향기로 이 만남의 열매를
오는 세월 두고두고 익혀 가야지
밀물이 밀려온다
이제 행복을 건져 가슴에 담아
다시는 꺼내보는 일은 없을 거야
그래, 없고 말고.

샌디는 가고

한때는 감미로운
바람이었든가
그날
호수가 보이는
산 중턱에 올라
너를 보내고 있었다.

낙엽을 무리 지어
날려 보내며
계절을 앗아가는 너
바다를 부풀려
도심을 익사 시킨다.

큰바람이기보다는
칼바람이었지
나의 살은 갈라지고
심장은 피를 토한다.

네가 베고 간 자리
상처는 아물지 않고
아직도 비어 있다
지금도 쓰라리다.

겨울숲

알몸 그대로 떳떳이 서 있는
그대를 보면
나는 부끄럽다 그리고 부럽다.

눈 내리는 밤에는

눈 내리는 밤에는
편지를 쓰리라…

어젯밤
현란한 춤사위로
겨울밤을 흔들던 눈보라
한 장의 편지지 되어
세상을 덮고 있다
건너뛴 세월 이어줄
연애편지를 써야지

순간 눈은 비로
비에 적은 편지지는
쓸려가 버렸다

오늘 아침나절까지
주룩주룩 내리는 비
철없는 서울비가

철들어 눈 내릴 때까지
사연을 접어둔다.

4부
산다는 것은

꿈을 위하여

그림을 그리고 싶다
바람으로 멀어지는
꿈을 그려서
숲에다 걸어두고
어쩔 수 없는 방황을
휘파람 불어 날린다
숲은 바람을 안고 있다.

몸부림치고 싶다
갈등의 고통을 인내해
꿈을 건져 본다
숲을 거닐며
진실 같은 거짓을
짐승처럼 밀어낸다
꿈은 숲에 살고 있다.

침실에서

작은 침대가 나는 좋다
그녀는 잠들면 미동도 않고
나는
침대의 가장자리를 지킨다
그녀의 숨결은 창가의
파도 소리보다 멀고
체취는 이름 모를 섬의
꽃향기보다 엷다.
손을 내밀어도 아니 닿고
발을 이리저리 휘저어도
걸리지 않는다
허허벌판 같은 큰 침대에서
몸은 멀고
마음은 김치 국물을 마신다
나는 작은 침대가 좋다.

당신은

어둠을 뒤로하고 빛으로
오시는 임자
임자는 누구입니까

가당찮은 세상의 악취를
쓸어내는 그대
그대는 누구입니까

만신창이 이 몸과 마음을
위로하는 당신
당신은 누구입니까.

고독

호수의 분수가
외줄기 눈물을 흘리고 있다
하고 싶은 말
쓰고 싶은 글들을
어쩌지 못해서 호수는
저렇게 울고 있나
밑바닥에 엎드린 회환을
삭일 수 없어
저렇게 분출만 하는 것일까
내 속마음
깊은 곳으로 흐르는
말 못 하는 아픔과
쓸 수 없는 아쉬움의 소용돌이
멎을 줄 모르지만
호수마저
어느 누구도 그것을 모른다.

여정

안갯속을 걷는다
새벽이슬로 살아간다
깊은 곳에서 침묵의
용솟음으로
계곡을 거슬러 오른다
생명을 꾸리며
무지개 넘어 구름 타고 오른다
산마루에 내려
황량한 벌판을 본다
그곳에는 삶이 술렁이고
안개는 다시 자락을 편다
계곡에 몸을 맡긴다
넘치는 환희
다시 홀로 나선다.

마른 갈대

폭풍우 쏟아지는 날은
빗줄기 목에 감아 갈증 풀고
눈보라 칠 때
춤사위 함께 벌리면서
꺾임과 잘림을
거부하는 몸짓으로
6월의 뭍을 지키고 있다.
파도가 몰려오면
작년 이맘때 도회로 마실 간
바닷바람을 기다린다고
기다릴 거라고 한다
방황하든 바람 만신창이 되어
돌아오면
세상의 살내음 씻을 곳은
바로 여기라 바다로 눈길을 준다.
썰물이 달려나갈 때 서러움 쓸어내고
밀물 되어 돌아오면 밀려드는
행복감에 취해본다.

이제는
떠남과 돌아옴의 이야기가
끝나는 날까지 뭍을 지키고 싶다
바람결에
세월이 오는 건가 가는 것인가.

비오는 장터

엉키고 맺힌 세월 보내는 비
가을을 손짓하는 비가
삶이 얼룩진 장터를 씻어준다
장바닥은 다시 반짝이고
비는 강으로
내 한구석에 바다를 이룬다.
미나리향 아직도 살아있는
포장마차에서 잔 비우며
빗발치는 창으로 푸른 바다를 본다
웅성거린다, 출렁거린다
노도가 되어 다가선다
헷갈리는 세월에는 비가 제격이지
알몸으로 비를 맞는다
바다로 뛰어든다
사실이라고 하는 것들을 정말로 믿던
그 시절이 파도에 밀려오고 있다.

삶 (1)

산다는 것이 무어라
?를 안고 방황하다가
많은 !를 만나며
세월을 보내면 되는가
,가 있다는 여유는
착각일 뿐
.도 더욱 아니리라
그저 그냥…로
또 …으로
그렇게 놓아두고
갈 길이나 가면 어떤가.

삶 (2)

삶이란
가슴으로 다가서는 바람을 맞는 것
그것이 사랑이거나 미움이거나
아름다운 추억으로 가는 길에서
목말라하며 애태우는 일

삶이란
가슴속에 솟구치는 바람을 잡는 것
그것이 노여움이거나 슬픔이거나
빗발치는 망망대해로 나아가서
크게 한번 웃어 보는 일

삶이란
가슴에서 떠나가는 바람을 보내는 것
그것이 엉켜진 정이나 집착일지라도
지워지는 기억에 눈물 한 줄기 뿌리고
돌아보며 미소 짓곤 하는 일.

모를 일

닥터 S와 자리를 같이하면 아무 말도 할 수가 없다,
아니 하지 않아도 된다.
그는 휘어지고 겹쳐져 숨긴 것을 볼 수 있는 불빛 달린
망원경을 목에 걸고 있다.
필요하면 언제나 내 속을 위에서 아래로 혹 아래서 위로
들여다보니 나도 모르는 내 속을 훤히 알고도 남는다.
수년 전 협회에서 "속마음"이란 공책을 발간했는데
여태 단 한자도 메울 수가 없어 그대로 빈 책이다.
내 속에 무엇을 감추기보다는 꺼내는 일이 힘들고
삼키려는 욕심을 어쩔 수가 없다.
마음을 비우라고, 비울 것이라고 스스로 다짐하는 순간
침이라도 삼키곤 한다, 그리고는 잊어버린다.
공책은 빈 책으로 얼마나 더 긴 세월을…
닥터 S는 자신의 속을 알고 있을까, 모를 일이다.

가랑비

무너져 내린 마천루
가랑비가 씻고 있다
자살인가, 타살일까
바벨탑은
기억에서 사라지고
고삐 없는 마천루는
하늘을 찌르고 말았다.

빛과 바람을 삼키며
야망을 키운 숲
가랑비를 어쩌지 못해
검푸른 껍질을 벗고
단풍을 끓이는데
창밖의 가랑비는
창자를 타고 흐르며
악성종양을 쓸고 있다.

내일이면 빈 가슴일까

아침 햇살 아래
아직도 길을 막고 있는
탐욕의 찌꺼기
가랑비가 더 와야 하나
비우지 못한 가슴
비 오면 숲으로 가야지
숲은
빨간 속살을 내보이고
가랑비는 멎었다.

모순

검사실을 감도는 냉기가 등줄기를 파고든다.
찬 공기와 두려움은 근육을 돌덩이로 만들고
나의 손가락은 파르르 떨고 있다.
폐조직 검사실로 걸어가는 나, 결코 돌아보지 않았다.
대기실에 걸린 티브이는 증권시장의 자유낙하를,
증권을 놀지 않아서 한 가지 걱정은 덜게 되었지만
화면에는 나의 뒷모습이 그림자로 남았으리라.
불현듯 담배 한 모금 생각이 숨구멍을 치고 있다.
오래전 피나게 잘라버린 중독은 갈증으로 돌아오는가.
심장병 중환자실에서 몰래 피운 기억이 살아온다.
그때는 설마 죽기야 하려고…
그러나 지금은 세상을 다시 못 보는 일이라도
담배 한 대 깊게 그리고 길게 들이고 싶다.

아, 2020년

한평생 살다 보니 이런 해 처음 본다
광란의 치맛자락 어둠을 불러오고
세월을 아쉬워 말자 이런 해는 가야 해

눈뜨고 못 본 세상 이런 해 어디 있나
듣고도 모를 일들 돌지 않고 못 산다
입 닫고 살기 싫으면 이해부터 보내야

415 1103*코로나와 어울려
자유를 무찌르는 세월이 세월인가
새 세상 보고 싶다면 아파야지 아파야.

* 2020년 4월 15일에 실시된 대한민국 제21대 국회의원 선거와 2020년 11월 3일에 실시된 미국 제46대 대통령 선거를 가리킨다

술 한잔

외로움이 솟구칠 때는
한 모금의 술이면 된다
그리움이 파도처럼
밀려오면
잔 하나 띄우면 되리다
아픈 기억 함께 마신다
어차피 인생은
한 잔의 이야기 아닌가.

하얀 꿈

하늘과 바다가 만난 곳에서
나의 꿈, 또한 푸르기만 했지
썰물에 쓸려나간 그것
파도 타고 돌아와 하얀 물거품으로
발등에 부서지고
이발관 의자에서 깜박 졸고 나니
발아래 백발이 낙엽처럼 쌓여 있다.

황혼에 서서

저녁 노을은 태양이 녹아 흐르는 강

얼어붙은 세상으로 아침을 부른다.

5부
여행길에서

ⓒ박이ду 작〈또게〉

꿈이여

남으로 가는 뱃길
태평양 연안은 우리들의
포근한 잠자리
대륙의 꿈은 그냥 꿈이었나

여명이 트면 뭍으로 올라
바다에서 온 사람이 된다
병풍을 이룬 산봉우리마다
하얀 꽃을 흔들며 흰 마음 가져라
아우성이다.

발아래 노랑, 보라꽃의
미소에 마음을 앗긴다
계곡이 휘감고 있는 청산은
푸른 가슴을 찾고 있는데
젊은 날의 야망은 어디로 갔나.

시를 위한 변명
– 백제성에서

포에틱 시티Poetic City에서 한 줄의 시도 건질 수 없다
이백을 앞세워 내로라하는 저들이 읊조린 시어들을
상상조차 할 수 없으니 시를 접어야 하나.

양자강은 백제성을 흙탕물로 채워진 호수의 섬으로 만들고
협곡에서 소용돌이를 일구든 바위는 어부들의 생명을 위한다
폭파되어 강둑의 마을과 함께 수장되었다. 수심은 깊어져
이제는 큰 뱃길일 뿐 이백이 어울리던 협곡은 아니다.

그 옛날 한 사내는 우물에서 상스러운 안갯속 승천하는
하얀 용을 보고 스스로 황제라.
그의 족적은 간 곳이 없다
협곡을 눈 아래 용꿈을 위한 최적의 장소가 아닐까
유비의 꿈도 내리는 비에 그 흔적마저 지워지고 있다
산천은 변해도 야망을 품은 자들의 발걸음은 오늘도 변함없고.

누가 감히 두보와 어깨를 겨루려 하나.

천하를 흔든다는 것은 한 줌의 구름이 산허리에 잠시 머물다

흩어지는 것, 한 수의 시와 바꿀까 말까
한 줌의 꿈을 위해 모든 것을 건 군상들, 황건적으로부터 대장정
그리고 홍의적까지, 오늘도 삶을 위해 생을 소모하고 있다
삶과 생을 위한 한 수의 시는 어디에 있느냐고 묻고 싶다,
그 시 한 수 건지려는 잠수부는 어디로 갔나.

장강은 서럽다

비 내리는 장강을 유람선이 간다
예나 지금이나 바람 소리 빗소리
적벽에 부서진다
하늘을 담고 대륙을 휘감아
한때는 푸르게 흘렀다.

저들의 땀과 눈물을 닦아주고
피를 삼킨 세월처럼 흘러가는
역사가 되었다.

댐 건설로 근대화로 장강은
지쳐만 가고 허우적거리며
황토와 함께 현대화의 쓰레기들의
전시장이 되었다.
장강은 물이 없어 서럽다.

무릉도원을 찾아서
- 황룡에서

대륙을 움켜쥐고
하늘을 날고파도
오색영롱한 계곡을
떠날 수가 없다.

폭포수 위로 허허롭게
서있는 한 그루 나무
그 기상 하늘과 맞닿아
한 줌의 집착도 없이
자유를 누리고 있다.

움켜쥔 손 펴지 않으면
날고 싶은 욕망도 접어야
아니라면
판다의 세상은 멀어진다
여기가 무릉도원인가.

나는 신선이었다?
– 황산에서

소나무의 기상에 숨죽인
바위산은 가슴을 열고
운무는 바람 따라
백조의 춤사위를 보여준다.

솔잎에 피는 물안개 꽃잎은
바람에 휘날리는데
저 구름밭 가꾸는 이 누구인가.

정수리에 떨어진 차디찬
이슬 한 방울 아니었다면
아직도 나는 신선이었을 거다.

예술을 위하여
– 장가계에서

천자봉에 이르면 펜을 버리세요
필설은 사족을 면치 못하니까.

원가계에서는 붓을 꺾어요
'황제의 붓'이 바로 이 천자인
풍경화는 그저 혹이 될 것입니다.

황룡동에서는 스카펠을 잡지마오
조각은 그저 한 조각일 뿐이지요.

'하늘 아래 첫 문'에서는
날숨을 멈추오, 가슴이 맑지 않다면
환경오염은 죄악이라 부르지요.
그래도 고집을 부린다면
바벨탑을 기억하시지요.

이별
– 아미산에서

반백년 만 리 길을 돌아돌아 왔건만
앞가린 운무는 아미의 눈물인가
이제는 눈물지우고 태고의 미소를

운무는 포근한 아미의 가슴인가
백야에 달구는 꿈 그대와 함께하고
떠나는 나그네 마음 당신은 알겠지

무거운 발걸음은 안개비 탓인가
남몰래 운무 자락 들쳐진 틈으로
이별의 가슴앓이를 어떻게 달랠까.

바다야
– 남미 크루즈여행중에

너는 대지의 여인
어젯밤 또 신열을 앓았지
산통의 몸부림 그리고 신음 소리
대지는 숨죽이고 새로이 오는
생명을 기다리고 있다.
오늘부터는 걱정 말거라
김 선생의 수면마취는
너의 고통을 잠재우고
오 선생의 자연분만 유도는
생명체를 대지로 보낼 것 아닌가
신사장은
그가 살집을 마련할 것이다.
내일 밤에는 또 다시
새로운 진통이…
새 생명이 오고있다.

인어공주 판타지

라인강변 고성의 망루는
세월처럼 흐르는 강을 주시한다
로렐라이 언덕에서 가슴 베는 노래의
금발여인, 강 따라 수영하며 수많은
주검 어루만져 그 영혼들을 맑게…
강은 다시 생명을 찾아가고

긴 세월을 물질하는 여인의 다리는
물고기의 꼬리가 된다
북해를 지나 발틱 해안에 이르자
문득
인간이 그리워 코펜하겐 연안의
바위에 앉아 염원을 빈 세월이 얼마든가
다시 바다로 바다 저편으로
소망의 끈은 헬싱키의 한 강변에서
발틱의 여인으로 살아 간다.

이제는 가슴 후비는 노래는 그만

슬픈 표정도 속눈물도 짓지 마오
오늘은 오늘만을 위한
내일은 내일의 노래가 그대를 기다리니.

누구에게나 희망은 있다

하늘인가 땅인가 바다는 아닌가
창공을 가른 산자락에
'우주의 배꼽'을 세운 제우스
그는 꿈을 접었나.

올리브 숲은 바다를 이루고
바다는 올리브에 스며들어
아테나와 포세이돈은 여전히 맞수다
호수같은 바다에 은하수가 내린
징금다리는 신비의 땅으로 가는 길
아프로디테가 섬사이로 돌아오고 있다.

지천에 가득한 노란 꽃 옛 성곽을 지키고
바람결에 미소 짓는 이름 모를 빨간 꽃
폐허 가운데 더욱 아름답다
스파르탄의 혼인가, 프시케의 사랑인가.

오늘도 '처녀의 집' 앞뜰을
소크라테스와 히포크라테스가 거닐고

니케의 미소가 흐른다
그때 이래 '판도라의 상자'는
다시 열린적이 없다.

* 『그리스 신화』 중에서
 우주의 배꼽: 제우스가 정한 우주의 중심, 현 데포이 지역
 아테나: 지혜와 전쟁의 여신, 미네르바
 포세이돈: 바다를 다스리는 신
 아프로디테: 미와 사랑의 여신, 비너스
 프시케: 나비라는 말, 영혼 혹은 정신을 의미, 에로스 신의 연인
 처녀의 집: 파르테논 신전, 아테나를 위한 신전
 니케: 승리의 신, 나이키
 판도라: 제우스의 명으로 만들어진 인간 최초의 여성
　　　　금지된 항아리의 뚜껑을 열었다· 황급히 닫았지만
　　　　희망을 제외한 모든 재앙이 나와서 인간에게 고통을 초래.

이과수 폭포

하얀 치맛자락 펼칠 때마다
뭉게구름 일어선다
정글에서 만년 은둔을 누가
흔들어 놓았는가.

격랑을 헤치며 그녀의 발아래
정수리부터 발끝까지
물세례를 받는다, 어쩌면
목구멍을 적시고 가슴을
쓸어내리는 한 잔의 막걸리 같은
그런 정감이 밀려온다.

정글을 끌어안은 여유로운 흐름이
순간 운명적인 낙수가 된다
절벽의 열대의 풀꽃잎은 웃고 있는데
누가 벼랑 아래에서 떨고 있는가.

275개의 물줄기가 합주하는
대자연의 환상곡
위대한 섭리를 연주하고 있다.

땅끝마을에서

평생를 달려온 땅끝에서
외발로 서도
몰아치는 비바람은 여전하다.

| 해설 |

시를 통해 세상을 만나는 창의적 방식
— 하운 시집 『뉴욕 아리랑』에 붙여

김종회(문학평론가, 전 경희대 교수)

| 해설 |

시를 통해 세상을 만나는 창의적 방식
— 하운 시집 『뉴욕 아리랑』에 붙여

김종회(문학평론가, 전 경희대 교수)

1. 두 번째 시집을 펴내는 하운 시인

시인 하운의 본명은 하명훈이며 영어 이름으로 에드워드Edward를 쓴다. 1971년 고려대학교 의과대학을 졸업한 의사 시인이다. 지금은 뉴욕의과대학 재활의학과 임상교수로 있다. 1996년 월간 《문학 21》을 통해 등단했으며 2000년 계간 《시대문학》 시 부문 신인상을 수상했으니, 문단 이력이 30년에 가깝다. 2002년에 첫 시집 『징소리』를 상재上梓한 이후, 이번 두 번째 시집은 20여 년 만이다. 『징소리』는 도서출판 〈마을〉에서 내었고 「마음의 고향」, 「조국아, 조국아!」, 「상실, 좌절 그리고 이별」과 「It is a wake up call」 등 7개의 단락으로 구성되어 있다. 단락별 소제목만 일별해 보아도 모국어로부터 분리된 이중문화 이중언어의 나라에서 살아가는 시인의 내면 풍경을 짐작할 만하다. 하운은 2014년부터 2년간 미동부한인문인협회 회장을 역임했으며 재임 시 연간 협회지《뉴욕문학》을 영문으로 번역한《New York Literature》를 출간한 바 있다.

2. 험난한 삶의 환경과 새로운 소망

 이 시집의 1부 「징소리는 아직도」는 힘든 세상과 험난한 삶의 환경을 여러 모양으로 보여주면서, 그 질곡을 넘어 새로운 소망을 지향하는 시적 화자의 의지를 담아내고 있다. 이 시집에는 시와 시조가 함께 자리하고 있으며, 분량이 많지는 않으나 사뭇 단단하게 축조된 시조의 언어들은 이 시인이 우리 시의 전통적 형식에 만만찮은 관심을 갖고 있음을 증거 한다. 이 시인의 시에는 네 계절 가운데서도 봄에 대한 관심이 많고 그 형상화에 진력하는 모습을 볼 수 있다. 그에게 있어 계절로서의 봄은 삶의 여러 굴곡을 넘어 마침내 도달할 목표 지점을 상징한다. 그런 만큼 그의 시들은 내일에의 소망이 시의 행간에 잠복하는, 보다 진전된 창작의 방식을 동원한다.

가끔은 안경을 벗고 세상을 본다
굴절된 빛이 그리는 낙서 투성이인 세상
연습이라면 좋았을 세상을
적당히 보아 넘긴다, 미치면 안되니까
지난 크리스마스 이브
세상이 얼마나 측은했는지
눈보라는 어설픈 감정 얼룩진 세상을
몸 부수어 쓸어안고
가을부터 건들거리며 서 있는
허수아비를 허수아비라 확인해 주고 있다
왜 안경이 필요한가
농장에서는 수확이 별로 없었다
바람 부는 날, 바람결에 몰려오는
알갱이와 쭉정이를
가려내기 힘겨워 비틀거린다
북서풍이 휘몰아치고 있다
새해 첫날부터 비가
그것도 겨울비가 멎을 줄 모르고 있다
비가 멎으면 안경을 끼고
낙서와 얼룩이 씻겨나간 자리에서
연습 끝이란 팻말을 확인하고
새롭게 돌아가는 세상을 보고 싶다

-「세상보기」

이 시인이 시의 첫머리에 떠올리는 세상은 언제나 '문제적'이다. 지난 크리스마스 이브에는 세상이 '얼마나 측은'했는지 모른다. '가을부터 건들거리며 서 있는 허수아비' 또한 그렇다. 그래서 화자는 '가끔은 안경을 벗고' 세상을 본다. 적당히 보아 넘기기 위해서다. 농장에서는 '수확이 별로' 없고, '알갱이와 쭉정이를 가려내기'가 힘겹다. 새해 첫날부터 비가, 그것도 겨울비가 멎을 줄 모르고 있으나 시인은 결국 '새롭게 돌아가는 세상'을 보고 싶어 한다. 이 새로운 세상의 형용이 시인에게는 곧 '봄'이다. 「꽃시샘」에서 '조만간 밀어닥치는 봄기운'이나, 「봄길에서」에서 '숨결을 터주는 봄볕'이나, 「돌아오기」에서 '봄이 오는 거리'가 모두 그렇게 봄을 노래한다.

> 아픈 기억 가라앉은 가슴
> 저 붉게 흔들리던 6월에
> 종말을 고했는가
> 어쩔 수 없이 우리는 다시
> 절망의 벽 사이로 돌아오고 말았나
> 오늘도 비틀거리며
> 희망이 있기나 한 것인지도 모른다
> 항시 우리를 부르고 있는
> 은근한 그 소리가 적삼 밑을

비집고 들어도
벽에 매달린 고통으로
그 울림 의식할 여유가 없다

내 탓 네 탓 타령도 풀이 죽고
다시 체념의 늪은 깊어 가는가
벽은 미동도 않고
우리의 기도는 다시 시작된다
초가삼간 치켜주는 초롱불
아직은 깜빡이고 있다

- 「징소리는 아직도」

 이 시인에게 있어 '징소리'는 세상의 어떤 소리보다 더 특별하며, 앞서 언급한바 그의 첫 시집 표제이기도 하다. 거기에는 '저 붉게 흔들리던 6월'과 같은 역사의 기억이 있고, '우리가 다시 돌아오고 만 절망의 벽 사이'와 같은 체험의 기록이 있다. 삶이 곤고하고 절박하여, 희망의 날을 찾아 '그 울림'을 의식할 여유가 없다. 그런데 '벽은 미동도 않고' 있는 그 패퇴와 멸절의 자리에서 '우리의 기도'는 다시 시작된다. 이 재생과 회복의 국면을 끝까지 붙들고 있는 것이 이 시적 화자의 의식이요 정체성이다. 「촛불의 얼굴」에서 '모든 이들의 기도'나 「촛불과 봄비」에서 '온 누리 채워주는 빛'이나, 「조국아, 조국아」에서 '난초꽃 바람 혜

치며 피는 날'과 같은 소망의 언어들이 하운 시 세계의 중점적인 요목들이다.

3. 너와 나 또는 세상살이의 관계성

모든 문필가, 모든 시인은 자아와 세계의 관계를 바탕으로 글을 쓰고 시를 쓴다. 자아와 세계의 상관성은 고전주의, 낭만주의, 사실주의, 초현실주의로 이어져 온 문예사조의 특성을 분별하는 척도였고 동시에 그 특성으로 인하여 사조의 변환이 가능했음을 일러주고 있다. 이는 일차적으로 시를 쓰는 창작 주체의 인식이, 시적 대상을 바라보는 시각과 그에 뒤이은 언술을 어떻게 풀어나가는가에 연관되어 있다. 이 시집의 2부 「뉴욕 아리랑」에 실린 시들 가운데 몇 편은 이와 같은 관점에서 시인의 사유를 표현한다. 동시에 2부의 많은 시편이 계절이나 절기 또는 지인들의 삶에 대한 축시의 성격을 띠고 있다. 시인이 가꾸어온 인간관계나 세상살이의 방식을 짐작하게 하는 시들이다.

> 찬바람이 휘감는 이 밤을 견디는
> 너의 손을 잡고 싶다
> 꽃샘바람이 빗방울 날리던 날
> 집을 나선 너 이제는 하늘을 보거라

그리고 흙을 만져봐
머리카락은 바람결에 맡기고
창공을 향해 목 터지게
소리 한번 내질러라
누구도 처음 듣는 그런 소리를

창틈으로 오는 빛은 해가 아니지
벽 사이로 스며드는 흙내음이 땅일 수 없듯이
머리 위 천장이 창공은 더욱 아니다

한여름 태양 아래
너의 갈증이 생과 사의 그림자를
번갈아 불러올 때
기쁨과 후회가 엇갈리는
마음을 졸였다
단풍마저 떠난 후
눈 속에서의 외로움을 이겨낸 너
너의 가슴을 안고 싶다
겨울 녹이는 계절이
더 높은 하늘 끝없는 평원이
네게 미소를 보내고 있다

　　　　　　　　　　 -「너를 위한 노래」

이 시의 화자는 시인 자신과 매우 가까운 거리에 있어 보인다. 그렇지 않고서는 이렇게 절실한 감정이 전달되어 오기가 어려울 것이기 때문이다. 그 '나'의 상대역으로 '너'가 등장한다. '너'가 처한 상황은 각박하고 어려운 환경을 보여주고 있다. '찬 바람이 휘감는 이 밤'을 견뎌야 하고, '꽃샘바람이 빗발을 날리던 날'에 집을 나선 형편이다. 시인은 그에게 '소리 한 번' 내지르라고 권유한다. 그 '소리'는 엄혹한 환경을 떨쳐버리기 위한 '너'의 저항을 의미한다. '너의 갈증이 생과 사의 그림자를 번갈아 불러올 때' 시인은 마음을 졸이며 지나왔다. 그리고 '눈 속에서의 외로움을 이겨낸 너'에 대한 기대를 표출한다. 이 시는 그러므로, '너'의 새로운 삶과 그 지평을 희구하는 '나'의 간곡한 권면에 해당한다.

생기있고 거침없는 나의 발길은
화려한 길을 서성이고 있다
위로는 수많은 간판이 아우성치며
밝고 환상적인 붉은 빛을
들뜬 군중 위로 그리고
마차들의 행렬 아래로 쏟아내린다
오 브로드웨이는 대단해, 다만
내 마음, 나의 가슴은 외로워

꾸밈없는 욕망, 예수의 수난과
연관하여 생각해 본다
당당한 풍모로 점잖 빼며 걷고 있다
극장에서 카바레 그리고 여인숙으로
브로드웨이 무지개 불빛이
거침없는 방탕, 기쁨 함께 태우고 있다

브로드웨이에서 꿈꾸듯이 서성이며
눈부신 거리를 응시한다, 다만
내 마음, 나의 가슴은 외로워

─「브로드웨이에서」

이 시는 Claude Mckay라는 시인의 시를 번역한 것인데, 이 시집에서 하운 시인이 세계 최대의 도시 뉴욕에 살고 있다는 사실을 가장 직접적으로 느끼게 해주는 시다. 뉴욕하고도 그 중심에 있는 브로드웨이에서 원작자 시인이 지닌 감성은 활발하기 이를 데 없다. '생기 있고 거침없는 나의 발길'이 '화려한 길'을 서성이고 있다. 그러나 브로드웨이의 '밝고 환상적인 붉은 빛' 속에 '내 마음, 나의 가슴'은 외롭다. 이 상대적인 감정의 대립은, '꾸밈없는 욕망'과 '예수의 수난'이라는 또 다른 대칭적 발화 방식을 불러온다. 그 '눈부신 거리'와 '나의 외로운 가슴'은, 기실 시인

만의 감각일 리 없다. 우리 모두 그와 같은 양가적兩價的 삶의 기반 위에서 오늘과 내일을 이어가고 있는 터이다. 하운은 그에 공감하여 이 시를 여기에 수록한 듯하다.

4. 사시사철의 변환과 세월의 유로流路

춘풍추우春風秋雨란 사자성어가 있다. 봄바람과 가을비라는 뜻으로 지나간 세월을 이르는 말이다. 이 춘풍추우는 한 해에 한 번씩 일어나는 일이니, 누구나 그 세수歲數만큼 경험한 것이다. 이 시집의 3부 「계절은 오간다」는 그렇게 시인이 경험한 사계절을 순차적으로 그려나가는, 계절 시의 모형으로 이루어져 있다. 봄은 1부에서와 마찬가지로 따뜻하고 온화하다. 여름은 끝없는 창공과 푸른 바다로 싱그럽고 활달하다. 가을은 가장 편수가 많고 추억과 그리움으로 편만遍滿하다. 그리고 겨울은 인내와 자기 성찰의 면모를 보인다. 네 차례 계절이 변화하고 또 이어지는 가운데, 시인의 관점은 여전히 희망적이며 시가 삶의 빛이자 그림자임을 의식하고 있다. 시가 시인에게, 시인이 시에게, 서로 유능하고 유익한 동역자同役者임을 증명하는 듯하다.

화장을 지우고
소슬바람과 한 몸 되어

공원을 서성인다
나른한 몸짓으로
가랑비를 부르고 있다

이루고도 못 이룬
어제의 꿈은 꿈이었나
간밤의 욕망은 아직도
밑창 없는 그것
이제는 접어야 하는가

가랑잎은 가랑비도
소슬바람마저 뒤로하고
겨울로 가는 길을 걷고 있다
여정의 끝 마당
그 자리에는 봄이 있으랴

─「가랑잎」

  이 시의 제목 '가랑잎'은 활엽수의 마른 잎을 뜻한다. 떡갈나무 잎을 지칭하는 떡갈잎의 비표준어이기도 하다. 그 마른 늦가을의 가랑잎이 가랑비, 가늘게 내리는 비를 부르고 있다. 계절이 늦은 가을인 터라 '이루고도 못 이룬 어제의 꿈'이 있다. 이제 그것을 접어야 하는가라고 시적 화자가 묻는다. 사정이 이러하다면 계절로서의 가을이 인생 행로의 후반기를 의미한다고 볼 수 있으며, 세상을 살 만큼 산 후에 지난날의 꿈을 되돌아보는, 반성적 자기 점검의 한 유형이라 할 수 있다. 그런데 그 가랑잎과 가랑비가 소슬바람, 으스스하고 쓸쓸하게 부는 가을바람을 뒤로 하고 겨울로 가고 있다. 시인은 이 행로의 다음 여정旅程에 봄의 자리를 상정하고 있다.

눈 내리는 밤에는
편지를 쓰리라…

어젯밤
현란한 춤사위로
겨울밤을 흔들던 눈보라
한 장의 편지지 되어
세상을 덮고 있다
건너뛴 세월 이어줄 연애편지를 써야지

순간 눈은 비로
비에 적은 편지지는
쓸려가 버렸다

오늘 아침나절까지
주룩주룩 내리는 비

철없는 겨울비가

철들어 눈 내릴 때까지

사연을 접어둔다

- 「눈 내리는 밤에는」

계절이 바뀌어 바야흐로 눈 내리는 밤, 겨울밤이다. 우리가 해마다 겪는 계절의 변화이지만, 거기 촌보의 양보도 없는 엄정한 규범이 있다. 낙엽이 지고 나면 그해에 꽃이 피지 않으며, 겨울이 가고 나면 봄이 온다. 그래서 일찍이 P.B.셸리가 「서풍부」에서, "계절의 나팔소리, 오 바람이여, 겨울이 오면 봄 또한 멀지 않으리"라고 노래했던 것이다. 시인은 그처럼 가을에 이어서 온 겨울, 눈 내리는 겨울밤에 편지를 쓰겠다고 한다. '현란한 춤사위로 겨울밤을 흔들던 눈보라'가 문득 세상을 덮은 한 장의 편지지다. 편지지는 겨울을 장식하는 눈과 비의 행태行態에 밀접하게 잇대어져 있다. 시인은 이 겨울의 유형화한 관념 가운데, '사연을 접어두는' 기다림의 미덕을 익히기로 한다.

5. 삶의 긴 여정에서 만나는 깨달음

우리가 어떤 명제命題를 두고 깨달았다고 말할 때는, 모르고 있었던 사실을 뒤늦게 알아차렸다는 함의含意가 있다. 제대로 모르고 있던 사물의 본질이나 진리 등의 숨은 참뜻을 비로소 이해할 수 있게 되었다는 말이다. 거기에는 여러 경로가 있다. 점진적으로 지식수준이 높아져서 모르는 것을 알게 되기도 하겠지만, 대체로 어떤 계기나 은혜로운 도움으로 인하여 각성覺醒의 순간을 맞게 되었다는 편이 한결 더 객관적이다. 이 시집 4부 「산다는 것은」의 시들은 그와 같은 각성의 의의를 일상적인 삶 속에 매설한 사례가 많다. 「당신」에서는 그 상대역과의 대화를, 「여정」에서는 홀로 나서는 삶의 기쁨을, 「모순」에서는 검사실檢査室 앞에서 나의 모습을 새롭게 설정한다. 이는 시인이 자신의 시를 통해 수확할 수 있는 최상의 결실이기도 하다.

    작은 침대가 나는 좋다
    그녀는 잠들면 미동도 않고
    나는
    침대의 가장자리를 지킨다
    그녀의 숨결은 창가의
    파도 소리보다 멀고
    체취는 이름 모를 섬의
    꽃향기보다 엷다
    손을 내밀어도 아니 닿고
    발을 이리저리 휘저어도
    걸리지 않는다

허허벌판 같은 큰 침대에서
　　몸은 멀고
　　마음은 김치 국물을 마신다
　　나는 작은 침대가 좋다

　　　　　　　　　　　－「침실에서」

　이 시의 화자는 '작은 침대'가 좋다고 언명言明한다. 그런데 시의 문면文面을 잘 관찰해 보면, '나'와 그녀는 '허허벌판 같은 큰 침대'를 쓰고 있다. 그녀의 숨결은 멀고 체취는 엷으며, 손이 닿지 않고 발에 걸리지도 않는다. 이것이 같은 침대를 쓰는 남녀의 생활 양식이라면, 그 의미의 공간에 여러 형태로 원인 행위를 구성할 수 있다. 그러나 시인은 어떤 정보도 추가로 건네지 않는다. '몸은 멀고 마음은 김치 국물을 마시는' 지경이니, 침대의 크기로 남녀 간의 심정적 거리와 간격을 재고 있을 뿐이다. 여기서 작은 침대가 좋다는 시인의 심사는, 단순한 거리 개념이 아니라 양자 사이에서 회복해야 할 간격의 문제를 의뭉스럽게 제기하고 있는 것이다. 더불어 그 간격을 깨달은 데서, 그의 각성이 제 역할을 다한 셈이다.

　　삶이란
　　가슴으로 다가서는 바람을 맞는 것
　　그것이 사랑이거나 미움이거나

아름다운 추억으로 가는 길에서
목말라하며 애태우는 일

삶이란
가슴속에 솟구치는 바람을 잡는 것
그것이 노여움이거나 슬픔이거나
빗발치는 망망대해로 나아가서
크게 한번 웃어 보는 일

삶이란
가슴에서 떠나가는 바람을 보내는 것
그것이 엉켜진 정이나 집착일지라도
지워지는 기억에 눈물 한 줄기 뿌리고
돌아보며 미소 짓곤 하는 일

- 「삶 2」

시인은 '삶'이란 제목으로 두 편의 시를 쓰면서, 어느결에 자신이 깨닫고 이를 시로 작성하는 창작의 방정식을 내놓았다. 「삶 1」에서는 삶의 정체에 대한 의문을, 「삶 2」에서는 그것의 구체적 형상을 언어 문법으로 정돈해서 제시했다. 그의 시적 논리에 의하면 삶이란 크게 세 가닥의 영역으로 구분된다. 순시대로 보자면 '가슴으로 다가서는 바람을 맞는 것'이며, '가슴 속에 솟구치는 바람을 잡는 것'이며, 그리고 '가슴에서 떠나가는 바람을 보내는 것'이다. 삶의 본질과 정의에 대한 의견은 모든 사람, 모든 시인이 제각각일 것이다. 이 시인은 그것이 바람을 맞고, 잡고, 보내는 것이라는 해석의 방식을 선택했다. 각자가 걷는 생애의 길이 서로 다르듯, 그 길에서 얻는 깨달음 또한 각양각색일 수밖에 없다. 이 시에서 우리는 하운이 공들여 제작한 창의적인 대응의 형식을 보았다.

6. 여행길에서 만난 시詩 그리고 신화神話

누군가 이르기를, 여행은 장소를 바꾸는 것이 아니라 편견을 바꾸는 것이라고 했다. 자기가 사는 곳, 익숙한 삶의 터전을 떠나 객지를 두루 다니는 유람의 시간이 그 당사자에게 새로운 활력과 인식을 공여한다는 수사修辭다. 이 시집의 5부 「여행길에서」는 시인의 여러 여행 경력과 그로부터 추수된 경륜이 어떻게 시화詩化하는가를 보여준다. 장강長江이라 불리는 양자강, 황룡의 무릉도원, 선경仙景 황산, 그리고 장가계와 아미산 등 중국의 명승名勝을 찾아다닌 족적足跡이 시심詩心과 만나 여러 편의 시가 되었다. 그런가 하면 유럽에서는 신화를 만나고 남미에서는 크루즈의 바다와 이과수폭포를 만난다. 이렇게 여행길에서 시를 얻거나 시를 위해 여행을 떠난 시인은 행복하다. 이때의 시는 우리 삶의 유용한 나침반이 되기도 한다.

  포에틱 시티Poetic City에서 한 줄의 시도 건질 수 없다
  이백을 앞세워 내노라 하는 저들이 읊조린 시어들을
  상상조차 할 수 없으니 시를 접어야 하나

  양자강은 백제성을 흙탕물로 채워진 호수의 섬으로 만들고
  협곡에서 소용돌이를 일구는 바위는 어부들의 생명을 위한다
  폭파되어 강둑의 마을과 함께 수장되었다, 수심은 깊어져
  이제는 큰 뱃길일 뿐 이백이 어울리던 협곡은 아니다

  그 옛날 한 사내는 우물에서 상스러운 안개 속 승천하는
  하얀 용을 보고 스스로 황제라… 그의 족적은 간 곳이 없다
  협곡을 눈 아래 용꿈을 위한 최적의 장소가 아닐까
  유비의 꿈도 내리는 비에 그 흔적마저 지워지고 있다
  산천은 변해도 야망을 품은 자들의 발걸음은 오늘도 변함없고

  누가 감히 두보와 어깨를 겨루려 하나

천하를 흔든다는 것은 한 줌의 구름이 산허리에 잠시 머물다
　흩어지는 것, 한 수의 시와 바꿀까 말까
　한 줌의 꿈을 위해 모든 것을 건 군상들, 황건적으로부터 대장정
　그리고 홍의적까지, 오늘도 삶을 위해 생을 소무하고 있다
　삶과 생을 위한 한 수의 시는 어디에 있느냐고 묻고 싶다
　그 시 한 수 건지려는 잠수부는 어디로 갔나
-「시를 위한 변명 - 백제성에서」

　백제성은 중국 쓰촨 성四川省 동쪽, 후베이 성湖北省과의 경계에 위치한, 바이디 산白帝山 기슭에 있는 옛 성이다. 전한前漢 말기에 공손술이란 인물이 우물에서 흰 용이 나오는 것을 보고, 한漢의 음덕을 자신이 이어받았다고 여기며 스스로 백제白帝라 선포한 뒤 이 성을 쌓기 시작했다. 삼국시대 유비가 죽은 곳이며, 가까이에 공명팔진도의 유적이 있다. 시선詩仙 이백과 시성詩聖 두보 또한 각자의 시문으로 백제성을 노래했다. 시인 하운은 이 도시를 포에틱 시티 Poetic City란 도전적인 호칭으로 명명한다. 하지만 산천은 이미 과거의 것이 아니며, 이백이나 두보와 어깨를 견줄 시상詩想을 떠올릴 수도 없다. 그래도 시인은, 머나먼 세월

의 상거相距를 넘어 그 역사적인 자리에서 한 수 시의 의미를 궁구窮究한다. 그는 옛터 여행길에서 시와 삶의 해묵은 숙제와 마주 섰던 것이다.

    하늘인가 땅인가 바다는 아닌가
    창공을 가른 산자락에
    '우주의 배꼽'을 세운 제우스
    그는 꿈을 접었나

    올리브 숲은 바다를 이루고
    바다는 올리브에 스며들어
    아테나와 포세이돈은 여전히 맞수다
    호수 같은 바다에 은하수가 내린
    징검다리는 신비의 땅으로 가는 길
    아프로디테가 섬 사이로 돌아오고 있다

    지천에 가득한 노란 꽃 옛 성곽을 지키고
    바람결에 미소 짓는 이름 모를 빨간 꽃
    폐허 가운데 더욱 아름답다
    스파르탄의 혼인가, 프시케의 사랑인가

    오늘도 '저녀의 집' 앞뜰을
    소크라테스와 히포크라테스가 거닐고

니케의 미소가 흐른다
그때 이래 '판도라의 상자'는
다시 열린 적이 없다

  - 「누구에게나 희망은 있다」

 이 시에는 서구 문명의 두 흐름, 헬레니즘과 헤브라이즘 가운데 헬레니즘의 발원이라 할 그리스 신화의 세계가 담겨 있다. 이 신화 세계의 주신主神 제우스와 그의 형제인 포세이돈, 또 아테네와 아프로디테가 연이어 등장한다. 신의 곁에 있었던 에로스의 연인 프시케, 철학과 의학의 태두泰斗 소크라테스와 히포크라테스가 인간의 대표 격으로 시 속에 자리를 갖고 있다. 왜 시인이 이 시에 '누구에게나 희망은 있다'라는 제목을 붙였는가를 생각해 볼 필요가 있을 것 같다. 신과 인간의 세계를 가로지른 이 영웅적 캐릭터들의 운동 범주는, 불가능한 것과 가능한 것 사이의 공간을 하나의 꿰미로 묶어내는 곳까지 이른다. 헬레니즘의 문명적 특성은 신과 인간의 교유交遊에 있고, 그러기에 이 시의 발원지는 인본주의의 시발과 동일한 맥락에 있다.

7. 시인의 세계관과 인생론의 형상

 이제까지 우리가 공들여 살펴본 하운의 두 번째 시집

『뉴욕 아리랑』은, 그 표제가 지칭하는 것처럼 뉴욕에서의 삶과 일상적 풍경을 그리는 데 집중하지 않았다. 비록 시인이 뉴욕을 무대로 자신의 날들을 지켜가고 있으나, 시적 탐색의 대상은 온 우주에 산포散布되어 있다. 따라서 이 시집은 그가 스스로 발화한 세계관이요 인생론이다. 그의 세계에는 연하고 부드러운 봄기운의 시가 있는가 하면, 엄혹한 현실을 견디고 이기는 겨울날의 시도 있다. 그는 시를 통해 세상은 만나는, 자신만의 창의적인 글쓰기를 시전했다. 모두 5부로 구성된 이 시집의 각부별 중심주제를 따라 주제론적 관점으로 검증해 본 것은, 그에게 있어 시가 삶의 다른 이름이라는 미더움으로 인해서였다. 시가 없이 그가 행복할 수는 없을 것이다. 그것은 이를테면 시인의 숙명이기도 하다. 부디 바라건대 더욱 노익장老益壯하고 역부강력富强하여, 우리가 지속적으로 그의 좋은 시를 만날 수 있었으면 한다.